AF232027

LA SANCTIFICATION DU DIMANCHE

ET

LE SALUT DE LA FRANCE

LA

SANCTIFATION DU DIMANCHE

ET

LE SALUT DE LA FRANCE

Discours prononcé par Mgr TURINAZ, Évêque de Tarentaise, dans l'église
de Saint-Bonaventure, de Lyon, le 12 février 1874.

> *Loquere filiis Israel, et dices ad eos: Videte ut sabbatum meum custodiatis, quia signum est inter me et vos in generationibus vestris ut sciatis quia ego Dominus qui sanctifico vos.*
>
> Parle aux enfants d'Israël et dis-leur : Ayez soin d'observer mon sabbat, car il est un signe établi entre moi et vous pour toutes vos générations, afin que vous sachiez que c'est moi le Seigneur qui seul vous sanctifie.　(Exod , xxxi, 13.)

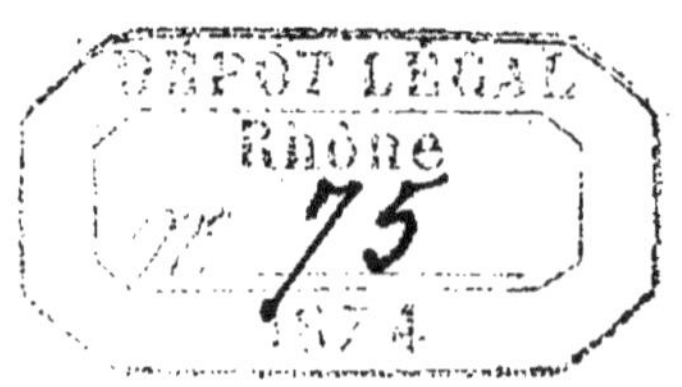

LYON

IMPRIMERIE DE FÉLIX GIRARD

Aux Hirondelles (Guillotière)

—

1874

LA SANCTIFICATION DU DIMANCHE

ET

LE SALUT DE LA FRANCE.

Loquere filiis Israel, et dices ad eos : Videte ut sabbatum meum custodiatis, quia signum est inter me et vos in generationibus vestris ut sciatis quia ego Dominus qui sanctifico vos.

Parle aux enfants d'Israël et dis-leur : Ayez soin d'observer mon sabbat, car il est un signe établi entre moi et vous pour toutes vos générations, afin que vous sachiez que c'est moi le Seigneur qui seul vous sanctifie.　(Exod , xxxi, 13.)

Mes Frères,

Le siècle des grandes erreurs, des grands désastres et des grandes ruines est aussi le siècle des manifestations glorieuses de la foi, des victoires de la charité et des œuvres incomparables de l'apostolat catholique.

Le sol de notre patrie, qui tremble sous nos pas, a le secret d'une fécondité merveilleuse, et ces horizons, que nous interrogeons chaque jour d'un regard inquiet, laissent venir jusqu'à nous des lueurs qui nous éclairent entre deux tempêtes.

Jamais l'audace des plus monstrueuses erreurs et la force divine de la vérité, le travail obstiné de la haine et l'héroïsme de l'amour, le bien et le mal, la vie et la mort ne se sont ainsi heurtés dans les entrailles de notre société. Jamais la lutte sans merci et sans trève, qui est la condition essentielle de l'Eglise ici-bas, ne nous est apparue dans de telles douleurs et dans de telles clartés. Mais, grâces immortelles en soient rendues à Dieu, les légions innombrables de la négation, du blasphême et de l'anarchie rencontrent partout devant elles les apôtres des croyances augustes de la paix et des saintes vertus!

L'inertie de l'indifférence, les défaillances de la peur, les trahisons de la lâcheté sont des crimes à cette heure des périls suprêmes. L'Eglise est persécutée : il faut la servir et la défendre avec un invincible amour. Jésus-Christ est repoussé et maudit : il faut saisir sa croix sanglante, l'élever au-dessus des sociétés qui périssent, et le proclamer en face de l'univers le vrai Roi des âmes et le seul espoir de l'avenir. La France est humiliée et vaincue, menacée par ses ennemis, plus menacée mille fois par les folies parricides de ses propres enfants. Il faut sauver la France, le soldat de l'Eglise et l'auxiliaire de Dieu.

Mais, pour sauver la France, il faut rétablir le signe de l'alliance entre le Seigneur et le peuple privilégié de la loi nouvelle, il faut rétablir l'observation fidèle du dimanche chrétien.

Et c'est pourquoi, moi que Dieu a choisi malgré ma faiblesse et mon indignité pour être un des conducteurs de son peuple dans ces jours d'orage, j'ai entendu dans la solitude de mes montagnes, j'ai entendu cet appel, qui me venait par le cœur d'un vaillant chrétien et de l'autorité de notre vénérable archevêque : *Parle aux enfants d'Israël, et tu leur diras : « Ayez soin d'observer mon sabbat, car il est un signe établi entre moi et vous pour toutes vos générations, afin que vous sachiez que c'est moi, le Seigneur, qui seul vous sanctifie.*

Ce que je voudrais vous démontrer, pour accomplir cet ordre du Seigneur, c'est que la sanctification du dimanche est le salut de la France, et sera, si vous le voulez, le signe des victoires de Dieu.

O Vierge de Fourvière, protectrice de cette ville! ô Marie, reine de la France! bénissez-moi, bénissez cette grande assemblée! Gardez mon cœur et gardez ma parole! afin que, défenseur de la vérité, je sois aussi le disciple de la justice et l'apôtre de la charité! *Ave, Maria.*

I

Et d'abord, pour rétablir entre Dieu et son peuple le signe de l'alliance éternelle, il faut que la religion qui abaisse le Créateur jusqu'à l'homme, et qui élève les peuples jusqu'à Dieu, reprenne parmi nous sa céleste influence.

La religion catholique a fait, pendant quatorze siècles, les grandeurs et les gloires de la France. Elle seule peut faire succéder les bénédictions de la miséricorde aux châtiments terribles de la justice, et replacer notre patrie infortunée à la tête des nations.

Mais, s'il est une vérité qui apparaisse au premier regard, c'est que le respect du jour consacré au Seigneur est, au point de vue pratique, comme un résumé de la religion tout entière, et que la violation de cette grande loi sera, toujours et partout, la destruction de la religion parmi les peuples.

La religion n'existe pas sans un culte public. Elle ne peut se manifester aux hommes et dominer les masses populaires, elle ne peut les réunir sous l'autorité des mêmes croyances, les soumettre au joug des mêmes devoirs, sans les lumières et l'influence des cérémonies sacrées.

Nier la nécessité du culte, c'est nier la nature même de

l'homme, c'est nier cette tendance universelle de traduire par des actes, par des paroles, par des chants, par des signes extérieurs les sentiments et les émotions de l'âme; c'est repousser, condamner dans nos relations avec Dieu, dans l'expression de notre amour, de notre reconnaissance et de notre adoration envers notre Père qui est aux cieux, ce qui est juste, nécessaire, souverainement éloquent dans les relations qu'établissent entre les hommes les liens du sang, les affections vives et le respect de l'autorité.

Le culte n'est pas seulement l'expression naturelle des sentiments religieux, il en est l'inspiration et l'impulsion toute puissante. Quand l'homme tombe à genoux, quand il joint ses mains dans le recueillement de la prière, quand il s'unit, même d'une manière imparfaite, à l'assemblée des fidèles, quand il suit d'un regard attentif les cérémonies augustes de nos fêtes religieuses, une impression, dont il ne saurait se défendre, arrive jusqu'à son âme; cette âme monte vers Dieu avec les parfums de l'encens, elle monte avec la foule recueillie. Et cet homme, fût-il le dernier de tous, aura dans une heure bénie son *sursum corda*.

Le culte est le résumé admirable de la religion tout entière, le grand et populaire enseignement des vérités les plus hautes; et quand le culte disparaît, ces vérités s'éteignent une à une dans l'âme des peuples. Partout où le culte s'abaisse, la religion est détruite; partout où le culte se perfectionne, où les fêtes religieuses sont célébrées dans l'élan de la piété, la religion affermit et étend son empire.

Mais le culte est impossible sans l'observation du dimanche. Le peuple qui ne respecte pas le jour du Seigneur, est un peuple qui ne prie pas. S'il refuse d'accepter ce repos salutaire et de consacrer à Dieu une demi-heure dans une semaine, abandonnée tout entière aux intérets et aux plaisirs de la terre, c'est qu'il méprise la religion elle-même.

Croyez-vous que le profanateur obstiné de cette loi sainte fasse dans toute sa vie un seul acte religieux ? Quoi ! vous pensez que cet homme adorera Dieu dans le silence de sa demeure avant de reprendre le fardeau de ses tristes journées ; ou, quand il reviendra le soir brisé par son labeur ingrat, lui qui refuse le repos qui réparerait ses forces, qui rafraîchirait et consolerait son âme ! Vous pensez que la prière s'élèvera vers le ciel du sein de ce peuple qui ne pénétre plus dans le temple du Seigneur, dans la maison de la prière ? Non, mille fois non ! Une lamentable expérience nous l'atteste dans une irrésistible clarté.

Et avec le culte, ce qui est atteint par la violation de la loi du dimanche, c'est la pratique de tous les devoirs qui constituent une part essentielle de la religion chrétienne. La religion impose des devoirs qui sont lourds, écrasants quelquefois, pour la faiblesse humaine. C'est une morale que la philosophie païenne, que les plus puissants génies de l'antiquité n'avaient pas pressentie, et qui dirige de son autorité souveraine tous les actes de la vie. Morale sublime, qui a pour couronnement ces béatitudes évangéliques qui glorifient la pauvreté, la douceur, la miséricorde, la souffrance, la pureté, la paix, et qui ont fait passer depuis dix-neuf siècles à travers les obscurités et les égoïsmes de cette terre, des générations innombrables portant dans leurs cœurs le trésor incomparable de tous les héroïsmes et sur leurs fronts toutes les lumières du ciel. Code divin, qui a pour fondement le décalogue immortel, la loi gravée par la main de Dieu dans la conscience humaine et proclamée sur les sommets brûlants du Sinaï, loi sans laquelle il n'y a jamais eu et il n'y aura jamais de vraie civilisation et de vrai progrès. Base éternelle, qui, lorsqu'elle est ébranlée par les négations et les blasphèmes, entraîne fatalement dans sa ruine les plus fortes et les plus fières nations.

Mais comment l'homme pourra-t-il accomplir cette loi ? Comment pourra-t-il gravir les pentes de ce Thabor sur lequel les disciples fidèles contemplent le Fils de Dieu dans la transfiguration de sa gloire.

Ah! nous le savons tous, par les défaillances de notre nature corrompue; nous le savons par les annales du passé et par l'histoire douloureuse de notre propre vie. Nous savons ce que peut l'homme abandonné à sa propre faiblesse. Il faut évidemment une force surnaturelle pour accomplir cette loi surnaturelle; il faut une force surhumaine pour réaliser ce code divin. Il faut donc la prière, l'adoration, le cri de notre misère vers la toute-puissance de Dieu et sa miséricorde infinie. Et, une fois encore, l'invocation de notre faiblesse, l'adoration et la prière n'existent pas sans le dimanche chrétien.

Et d'ailleurs, pourquoi le peuple qui refuse d'accomplir une loi si facile, cette loi qui répond à tous les besoins de son corps et à toutes les aspirations de son âme, accomplirait-il ces devoirs dont l'austérité effraie quelquefois les plus généreuses natures? Et où donc avez vous vu la religion chrétienne, je dis mal, une religion quelconque, pratiquée par les peuples qui méprisent le jour du Seigneur?

Mais il y a plus : la violation de la loi du dimanche est la négation de la souveraineté de Dieu; elle atteint dans sa source première la religion, parce qu'elle nie l'autorité qui en est le principe. L'homme qui, chaque semaine, outrage ainsi la majesté du Législateur suprême, l'homme qui, courbé sous le poids de son travail, refuse de lever une fois par semaine son regard vers le ciel, méprise la justice éternelle et l'autorité souveraine de Dieu. Il affirme par l'évidence des faits que la puissance et la sagesse du Créateur ne veillent pas sur nous, ou que c'est en vain qu'il nous impose des lois et qu'il en établit la sanction. Et ainsi la profanation du dimanche est une révolte déclarée, obstinée, contre Dieu lui-même. Elle est par la force des choses l'athéisme pratique.

Et ne l'oubliez pas : cet athéisme, cette lutte contre

Dieu n'est pas ensevelie dans le silence et dans les ombres de la nuit; elle se manifeste au grand jour dans les ateliers des villes et dans le travail des champs. Et partout elle est l'affirmation publique, audacieuse de l'impiété et de la révolte.

Traversez les rues de nos villes, habitées par des chrétiens, et voyez les magasins ouverts et les ateliers sans repos; entendez le bruit incessant des machines. Parcourez ces campagnes où la loi de Dieu est méprisée; voyez le laboureur conduisant son attelage et traçant ses sillons. Partout c'est le scandale, et, si je ne craignais de souiller ce nom réservé aux conquêtes de la foi et de la charité, partout c'est l'*apostolat* de l'athéisme, non pas seulement par la puissance de la parole, mais par la puissance mille fois plus redoutable d'une profanation presque universelle.

Et ainsi la foi disparaît, et ainsi la violation de cette grande loi, c'est la négation, c'est la ruine de la religion elle-même.

S'il est vrai que tous les peuples qui violent cette loi sainte deviennent fatalement des peuples athées, et si les peuples athées sont condamnés à la décadence et à la servitude, ah! laissez-moi vous le dire dans l'orgueil et aussi dans les terreurs de mon patriotisme : cela est mille fois plus vrai du peuple de France ! La France sans la religion, la France sans l'Eglise, la France sans Jésus-Christ, sans son Evangile et son amour, ce n'est plus la France, ce n'est plus la France glorieuse et forte, la France des Croisades, la France des grandes œuvres catholiques; c'est la France trahissant sa mission providentielle, la France dégénérée et broyée pour jamais sous les pieds de ses vainqueurs.

Aussi ne vous étonnez pas que Dieu nous ait frappés de châtiments terribles. Si vous me demandez quel est le crime qui a, plus que tous les autres, attiré sur nous les coups de foudre de la justice, le crime qui porte les caractères les plus manifestes d'une apostasie nationale, écoutez le Roi-Prophète : « *Seigneur, ceux qui vous haïssent se sont fait gloire de vous insulter au milieu de vos solennités. — Gloriati sunt qui oderunt te in medio solemnitatis tuæ. — Ils ont formé des conjurations, et ils ont dit dans leur cœur : Faisons cesser sur la terre tous les jours de fête consacrés à Dieu.—Dixerunt in corde suo cognatio eorum simul : Quiescere faciamus omnes dies festos Dei a terra. — Jusques à quand, ô Dieu,* ajoute le Psalmiste, *jusques à quand votre ennemi vous jettera-t-il l'outrage? Votre ennemi blasphèmera-t-il votre nom jusqu'à la fin?..... Vous avez affermi les mers par votre puissance, et brisé la tête des dragons au fond des eaux.... Vous avez fait jaillir des fontaines et des torrents du sein de la pierre, et vous avez séché les grands fleuves..... Le jour vous appartient, et la nuit est à vous. Vous avez formé de vos mains l'aurore et le soleil. Vous avez fixé à la terre toutes ses limites. Vous avez fait l'été et le printemps..... Levez-vous, ô mon Dieu, et jugez votre cause. — Exurge, Deus, judica causam tuam. — Souvenez-vous des outrages qui vous sont faits tout le jour par un peuple insensé; n'oubliez pas les cris de vos ennemis, car l'orgueil de ceux qu vous haïssent monte sans cesse. —Superbia eorum qui te oderunt, ascendit semper* (1). »*

Et Dieu s'est levé, et sa justice a passé sur la France. Il a envoyé contre elle les désastres de la guerre, la rigueur des saisons et la stérilité du sol, les humiliations de l'heure présente et les terreurs de l'avenir. Il a paralysé l'industrie, la fortune publique est chancelante, le commerce hésite et s'arrête.... Ah! revenons à la pratique de la religion, revenons à Dieu, c'est lui qui pardonne et qui sauve t

(1) Ps. LXXIII.

II.

Ce qui nous manque à l'heure où nous sommes, ce qui nous manque, avec la religion, pour redevenir un grand peuple, ce n'est pas la gloire ; nous en avons eu assez pendant quatorze siècles pour souffrir qu'elle soit un instant obsurcie. Ce qui nous manque, ce n'est pas la victoire ; quels que soient nos désastres, quelque imprévus et quelque écrasants que les aient faits notre imprévoyance et notre orgueil, la victoire peut revenir. Elle revient tôt ou tard au drapeau que porte d'un bras vaillant une nation qui est digne d'elle. Ce n'est pas la richesse, nous pouvons donner l'or par milliards sans être réduits à l'indigence. Ce n'est pas la vérité ; elle illumine toutes nos ruines. Ce qui nous manque, c'est la dignité, c'est la grandeur morales. Car, sachez-le bien, ce qui rend impuissantes les armées et toutes les ressources du génie de la guerre, c'est la faiblesse des caractères ; ce qui abaisse devant l'ennemi toutes les frontières et tous les remparts, c'est l'avilissement des âmes.

Mais, pour accomplir cette œuvre difficile de régénération nationale, un des moyens les plus efficaces, c'est le rétablissement du dimanche chrétien.

Le dimanche est le jour de l'âme, le jour de la foi, des aspirations célestes et des espérances immortelles. Les six jours que la sagesse de Dieu a abandonnés au travail sont les jours de l'organisme physique, de l'action matérielle, des intérêts de la terre et des temps. L'homme, pendant ces six jours, est courbé sous le poids de sa tâche ; son intelligence, son âme s'abaissent dans la poussière d'où il est sorti. Rien ne répond aux tendances spirituelles de son être ; rien ne lui rappelle la patrie éternelle. Tout étend en lui et autour de lui le règne de ses instincts et la domination incontestée de la matière.

Le dimanche donne le repos à son corps épuisé, il jette sur son âme des clartés divines, il purifie son cœur, il fortifie sa vertu, il l'arrache à la boue pour l'élever vers l'infini, qui est sa destinée.

Aussi, un peuple qui viole la loi de la sanctification du dimanche est un peuple pour lequel les âmes ne comptent plus. Toute son activité, toutes les ressources de son industrie, toutes les puissances de son génie se concentrent dans l'horizon sombre et étroit des progrès matériels. Son ambition suprême est de multiplier ses jouissances et d'entasser des richesses. Alors l'abaissement et la dégradation sont partout. Les oscillations de la Bourse ont remplacé les joies et les angoisses du patriotisme. Les fêtes bruyantes et les triomphes de l'agiotage ont succédé au prestige des arts et aux éclairs de la parole. La littérature est un marché, les convictions se vendent et les consciences sont au plus offrant. Sur ce territoire où vivait un grand peuple qui tressaillait sous tous les souffles généreux et sous toutes les brises du ciel, les cœurs ne battent plus qu'au son d'un vil métal, ou plutôt, il faut redire les paroles d'un spirituel voyageur : « *Les machines ont presque des âmes, et les âmes ne sont plus que des machines.* »

Le dimanche chrétien est encore la régénération du peuple dans son corps et dans son âme, par la pureté des mœurs et par la puissance de la vertu.

Mais quelle moralité, quelle vertu est possible pour les peuples qui ne croient pas à l'existence de l'âme et qui nient la souveraineté de Dieu ? La loi morale n'est que la loi éternelle, la volonté de Dieu imposée à la créature. En Dieu législateur, elle a sa force ; en Dieu juge et vengeur, elle a sa sanction. Le bon sens le proclame : il n'y a pas de loi sans obligation ; il n'y a pas d'obligation sans autorité supérieure qui ordonne, et sans une âme libre qui obéisse ; et il n'y a pas d'autorité supérieure à l'homme, si ce n'est l'autorité de Dieu. Si le corps est tout, si les intérêts matériels doivent dominer notre vie, la croyance à l'existence de l'âme, à sa liberté et à sa grandeur, est à jamais détruite. Et c'est pourquoi nous affirmons que l'athéisme et le matérialisme pratiques qu'impose la profanation publique et permanente du jour du Seigneur, conduisent fatalement à la dégradation de l'homme et à la décadence des peuples.

Et si vous en doutez, interrogez les faits. Regardez de près l'âme de cet homme qui a fait du dimanche le jour du travail sacrilége, et du lundi le jour de la débauche. Cet homme, il n'a pas, entre ces deux labeurs maudits et entre ces deux orgies honteuses, il n'a pas une demi-heure dans la semaine pour faire descendre sur son front le sourire et les bénédictions de Dieu. Toutes les barrières sacrées sont tombées une à une devant ses passions en révolte ; toutes les souillures sont sur son âme, tous les vices dans sa volonté, toutes les infamies dans sa vie.

C'était peut-être le fils de nos montagnes, il avait quitté sa chaumière, vous apportant, avec ses vingt ans, la pureté de sa jeunesse, la vigueur de son corps et l'énergie de sa foi. Il a trouvé, au sein de vos grandes villes, il a trouvé dans vos ateliers et vos usines, la liberté du blasphème, la liberté de la débauche ; il n'a pas trouvé la liberté d'accomplir les conseils de sa mère et la loi de son Dieu. La chasteté s'est enfuie avec ses visions et ses clartés célestes. L'indifférence l'a livré comme une victime à l'impiété ; l'impiété et la corruption ont mis sur son front, avec des rides prématurées, la pâleur de la mort... Fils de nos montagnes, le regard de ta mère ne te reconnaîtrait plus. Les fêtes que célébrait la foi de tes pères, te font sourire de pitié. La charrue, que leurs bras robustes conduisaient sous la chaleur et le poids du jour,

te donnerait des terreurs d'enfant ; fils des races vaillan-
tes et pures, va, tu n'es pas un homme !

Regardez encore, et vous verrez toutes les barbaries et
tous les désespoirs au foyer de cette famille. Cet ouvrier
qui abandonne les fêtes de la religion, il est fidèle au ren-
dez-vous de la débauche ; et là il dépense en quelques
heures le salaire de la semaine entière. Il rentre, violent,
furieux, souvent abruti par l'ivresse, dans cette mansar-
de où il retrouve son épouse épuisée par les privations
et par les souffrances, et ses enfants qui pleurent en lui
demandant du pain.

Et ainsi se forment, au milieu de nous, des familles
avilies et des races dégradées, et ainsi se transmettent,
non plus la vigueur du corps et l'héritage des vertus,
mais, avec des traditions de déshonneur, un sang ap-
pauvri, qui s'en va à travers les générations, comme un
fleuve qui laisse chaque jour une partie de ses flots à la
fange de ses rivages.

Et croyez-le, ce qui est à redouter pour ce peuple, ce
ne sont pas les défaites sanglantes et les guerres sans pitié, ce sont là des épreuves où il pourrait se retremper
comme dans une fournaise ardente. Les grandes catas-
trophes ne lui donneront pas la mort ; ce ne sont pas ses
ennemis qui lui porteront le coup suprême, ils le laisse-
ront s'éteindre dans la décrépitude d'une vieillesse dés-
honorée.

Le dimanche chrétien, c'est la dignité et la grandeur
du travail, non pas seulement sanctifié, mais divinisé.
La première consécration du travail est celle qui lui vient
de la loi du dimanche par l'imitation de Dieu. Cherchez
dans les pages inspirées des livres saints, et vous trouve-
rez à l'origine de cette loi l'imitation du Tout-Puissant
dans l'œuvre créatrice. Ecoutez le précepte de Dieu :
« *Vous travaillerez six jours, et vous accomplirez tous
vos ouvrages. Mais le septième jour est le repos du Seigneur votre Dieu. Ce jour là, vous ne ferez aucune œuvre,*

ni vous, ni votre fils, ni votre fille, ni votre serviteur, ni votre servante, ni les animaux qui vous servent, ni l'étranger admis à votre foyer..... » Et quelle est la raison de ce précepte? Écoutez : « *Car le Seigneur a fait en six jours le ciel, la terre, la mer et tout ce qu'ils renferment, et il s'est reposé le septième jour. Voilà pourquoi le Seigneur a béni le jour du sabbat et l'a sanctifié. — Idcirco benedixit Dominus diei sabbatti et sanctificavit eum* (1). »

Et l'Evangile ajoute ses gloires et ses enseignements aux gloires et aux enseignements de la loi ancienne pour élever et consoler l'ouvrier et le pauvre.

Ce travail qui fatigue ses bras et qui épuise sa vie, c'est le travail que Dieu lui-même a voulu accomplir. Et ce travail, ce n'est pas l'acte tout-puissant qui a fait sortir les mondes des abîmes du néant et qui a semé les astres dans l'immensité des espaces; non, c'est le travail d'un ouvrier vulgaire.

Ah! laissez un jour par semaine, l'ouvrier regarder vers Nazareth et voir dans les mains du Fils de Dieu le rabot du charpentier; laissez-lui contempler, à Bethléem, l'abandon et l'indigence de cette famille héritière des prophètes et des rois. Laissez-lui suivre, du regard de la foi, cette famille qui fuit la persécution sur la terre de l'exil. Laissez-lui, dans les clartés d'antiques traditions, contempler la Mère de Dieu, vivant de son travail, et Jésus, le maître du monde, tendant sa main au pain de l'aumône.

Ah! laissez ces visions consoler le travailleur et le pauvre, quand il arrête un regard avide sur vos somptueuses demeures, quand il entend le bruit de vos pas joyeux dans le tourbillon de vos fêtes! Laissez la religion dire à cet ouvrier qu'il est l'imitateur et l'associé du Fils de Dieu, dans son labeur obscur et ingrat. Laissez la religion et les fêtes chrétiennes sanctifier, transfigurer, diviniser ses souffrances.

(1) Exode, xx, 9, 10, 11.

Le dimanche est encore la régénération du peuple dans la vraie liberté ; et la violation du jour du Seigneur, telle qu'elle est pratiquée, surtout à notre époque, est la plus hyppocrite et la plus abjecte des servitudes.

Nous pouvons parler de liberté : c'est nous, fils du Calvaire, qui l'avons donnée au monde. Nous pouvons maudire l'esclavage : c'est le sang tombé des mains meurtries, des pieds sanglants, du Cœur ouvert du Fils de Dieu ; ce sont les gouttes de ce sang qui tombant et tombant encore ont brisé partout les chaînes des esclaves.

Nous parlons de liberté ; mais où donc la voyez-vous ? De quel droit cet ouvrier est-il enchaîné à son travail le jour où sa foi lui commande le repos ? De quel droit est-il attaché comme un serf à cette glèbe déshonorante ? Quelle liberté lui accordent les profanateurs de la loi de Dieu ? Il n'a ni la liberté de son travail, ni la liberté de son repos, ni la liberté de son corps, ni la liberté de son âme, ni la liberté de ses convictions religieuses, ni la liberté des joies pures de la famille. Vous parlez des droits de la conscience ; mais ils sont violés ici dans ce qu'ils ont de plus sacré.

Et qui donc ne le voit au premier regard ? Jamais il n'a été plus nécessaire de rétablir parmi nous l'observation fidèle de cette grande loi, parce que jamais la liberté du pauvre, du serviteur, de l'ouvrier, n'a été menacée, comme elle l'est aujourd'hui, par la profanation du dimanche. Dans les siècles passés, l'industrie, le commerce et les relations qu'ils imposent, n'avaient pas cet essor qu'ils ont obtenu et qui se développe chaque jour.

Ah ! les merveilles de l'industrie, les prodiges de vos progrès matériels, nous ne les maudissons pas... Allez, étendez et multipliez vos conquêtes ; allez, poussez vos chars de feu à travers nos montagnes. Ouvrez des chemins à vos navires au milieu des sables brûlants du désert ; que votre parole se fasse entendre d'un continent à un continent et d'un monde à un monde. Que votre pensée parcoure la terre et vous revienne avec la rapidité de la foudre. Allez, et si vous le pouvez, par les forces centuplées du génie et de la science, retrouvez une part de notre souveraineté perdue sur la nature entière... Mais avec vos conquêtes, ne multipliez pas vos servitudes, ne devenez pas les esclaves de la matière que vous prétendez soumettre à votre empire !...

Vos magasins sont toujours remplis, vos fourneaux toujours ardents, vos chaudières sont toujours bouillantes, vos ateliers ne se ferment plus, vos convois passent sans cesse avec l'impétuosité de l'orage ; et votre société, saisie dans cet engrenage de fer auquel rien n'échappe, est emportée d'un mouvement uniforme, universel, irrésistible, et toutes les libertés sont broyées sous son passage.

Et remarquez-le, ce n'est pas la liberté de quelques âmes que nous réclamons au nom de Dieu, c'est la liberté de multitudes innombrables, c'est la liberté pour le peuple de France.

Etrange contradiction de notre nature ! Inconcevable aveuglement des passions ! Mystérieux châtiments de la vengeance divine ! Je vois au sein de cette nation, qui s'est proclamée le berceau de toutes les libertés, et qui a eu l'ambition de les porter au monde dans les plis de son drapeau et par l'ascendant de son prosélytisme, je vois un esclavage qui ne s'était jamais vu ; des ouvriers, des femmes et des enfants condamnés aux travaux forcés par une cupidité sans frein et privés du repos qu'aucune loi ne refuse aux criminels des prisons et des bagnes. Je vois, au penchant de ce siècle, que nul autre n'a égalé, dans l'horreur de toute domination, je vois le joug déshonorant que l'impiété fait peser sur la multitude des pauvres, des petits et des faibles. Je vois la servitude antique, la servitude païenne reparaissant parmi nous avec cette avidité qui ne connaît pas le repos, avec ses dégradations qui font frémir, avec son oubli des âmes, son mépris de la vie humaine, avec toutes les horreurs de sa tyrannie sans entrailles.

Et ne pensez pas que j'aie cherché, pour les besoins de ma parole, ce rapprochement entre la liberté et la sanctification du dimanche ; ce rapprochement, c'est Dieu qui l'a fait. Après avoir imposé à son peuple le repos et la sanctification du sabbat, il terminait par cette adjuration solennelle : *Souviens-toi que tu as servi en Egypte, et que le Seigneur t'a tiré de là avec une main puissante et un bras étendu. Et c'est pourquoi il t'a crdonné d'observer le jour du sabbat.*

Et ainsi, c'est Dieu lui-même qui a fait de cette grande loi du repos et de l'adoration, la charte première et fondamentale de toute liberté.....

Ah ! puisque je parle de liberté, de dignité et de grandeur morales, je ne puis plus contenir dans mon âme la prière de mon patriotisme désolé !

Si nous sommes vaincus, si l'humiliation pèse sur nous, du moins, je vous en supplie, n'abaissons pas nos âmes ; reprenons dans le silence, dans cette solitude que nous imposent nos malheurs, reprenons le travail de notre régénération et de notre grandeur nationale.

Allons à Dieu, qui seul refait les nations. *Et ego refi- ciam vos.* Il nous refera dans la foi, dans la liberté vraie, dans la puissance que donne la vérité, l'union, la discipline et les fortes vertus.

Et alors l'Eglise catholique, l'Epouse du Christ, vainqueur du monde, prendra dans ses bras de mère la France tombée sur les champs de bataille, elle l'emportera sur son cœur, sur le Cœur du Fils de Dieu vers de nouvelles destinées, et alors l'histoire, mieux que le génie de l'art, gravera sur un airain impérissable ces paroles immortelles : *Gloire aux vaincus. Gloria victis* (1).

____

(1) Allusion à la statue de la Gloire emportant un soldat mourant. Ce groupe, qui a obtenu le premier prix décerné aux élèves de l'Ecole Française de Rome, porte sur le piédestal cette inscription : *Gloria victis.*

III.

La profanation du dimanche n'est pas seulement la ruine
de la Religion parmi nous et la cause de notre décadence,
elle est encore la première puissance de l'arnachie qui nous
menace ; car sur ces pentes fatales que nous descendons,
l'athéisme pratique engendre la corruption et l'esclavage
déshonorant ; l'athéisme et la corruption produisent
l'anarchie.

Je ne vous démontrerai pas que l'anarchie est là, qu'elle
vous regarde, qu'elle organise ses légions et qu'elle attend
son heure. On ne démontre pas les grondements de la
foudre, les mugissements du volcan et les raffales de la
tempête.

Cette anarchie, elle a son principe dans l'erreur, son
impulsion dans la haine et son action dans une révolte qui
ne respecte rien.

Nous sommes à l'heure des grandes batailles ; il ne faut
pas nous laisser vaincre par le mal, il faut vaincre le mal
par le bien. « *Noli vinci à malo, sed vince in bono malum* ».
Il faut vaincre l'erreur par la vérité, il faut vaincre la
haine par l'amour, il faut vaincre la révolte par le respect
de l'autorité, qui vient de Dieu.

L'erreur a acquis de nos jours une incomparable puissance ; elle s'attaque avec une audace satanique, non pas
seulement aux dogmes chrétiens, mais aux vérités fonda-
mentales de la raison humaine. Ce qu'elle veut détruire,
c'est le christianisme et l'Eglise sans doute, mais, avec eux,
l'ordre social tout entier. Ce qu'elle atteint par ses négations sacrilèges, ce ne sont pas seulemeut nos mystères et

nos symboles, c'est l'évidence du bon sens universel. Elle répéte chaque jour aux multitudes aveuglées : l'âme est une chimère ; le devoir, c'est l'intérêt et la jouissance ; le vice et la vertu sont des produits comme le sucre et le vitriol ; Dieu, c'est le mal ; la propriété, c'est le vol.

Là est évidemment la source première de l'anarchie. Mais qui triomphera de ces erreurs, qui fera pénétrer les grandes vérités dans l'âme du peuple? Sera-ce la philosophie? Ah ! la philosophie même spiritualiste et élevée, avec ses nuages, ses incertitudes et ses contradictions, qu'a-t-elle fait pour la moralisation des masses populaires et pour le salut de nos sociétés? Comment voulez-vous que l'ouvrier, la femme et l'enfant, comment voulez-vous que ces multitudes que le travail dévore, lisent les écrits de vos accadémiciens et les démonstrations de leur prétendue science ? Comment voulez-vous qu'ils comprennent une philosophie qui souvent ne se comprend pas elle-même ? Ce qu'il faut au peuple, c'est une démonstration qu'il puisse voir de ses yeux et toucher de ses mains. Ce qu'il faut au peuple, ce n'est pas la parole des rhéteurs, c'est l'éloquence ardente et, si vous le voulez, les cris de l'âme de l'apôtre.

Il faut que cet homme, ce travailleur, soit enlevé, du moins un jour par semaine, à ce milieu funeste où le sarcasme et le blasphème insultent sa foi et où l'erreur lui vient de toutes parts. Il faut qu'un jour par semaine il retrouve dans le repos les souvenirs bénis de sa première enfance, qu'il pénétre dans une atmosphère de lumière et de paix, qu'il monte vers Dieu dans ces murailles qui sont sa demeure. Il faut que la religion lui apparaisse dans la divine beauté des cérémonies sacrées.

Dans le repos et au milieu des joies de la famille, la vérité lui viendra à son tour, non seulement de la chaire chrétienne d'où elle descend avec une autorité que la science n'obtiendra jamais ; car, dans cette fête du dimanche chrétien, tout est pour le peuple une révélation et un sublime enseignement : et le recueillement de l'assemblée et les silences profonds qui laissent arriver jusqu'à l'âme la parole intime de Dieu, et les chants qui célèbrent les saints mystères, et les cérémonies qui les reproduisent, et l'encens qui remplit le sanctuaire et les peintures des murailles, les arceaux élancés qui s'unissent comme des mains jointes dans la prière, les vitraux qui étincellent au soleil, la croix qui domine l'autel et la présence du Dieu caché dans les ombres du tabernacle. Oui ! le dimanche chrétien est la fête, la révélation et l'enseignement du peuple.

Il faut vaincre la haine ; et la seule puissance capable de nous donner cette victoire, c'est la puissance de l'amour surnaturel et divin.

La division est partout dans notre malheureuse patrie. C'est elle surtout qui fait notre faiblesse et notre suprême danger. Au fond de ces mystères douloureux de nos angoisses et de nos malheurs, il y a la haine, une haine obstinée et infernale : la haine de la gloire, la haine de la richesse, la haine de l'ouvrier contre son chef, du serviteur contre son maître, la haine de celui qui n'a rien contre celui qui possède, la haine de tout ce qui rappelle le passé, de tout ce qui se tient encore debout au milieu de nos ruines. C'est la haine barbare et sauvage qui a dit, il y a quelques années : *S'il faut que cent mille têtes tombent, cent mille têtes tomberont* (1), et qui plus tard reproduisait aux lueurs de l'incendie les horreurs de la guerre civile.

Le dimanche est le jour de la charité ; il est sans doute le jour de la puissance et de la majesté de Dieu, mais il est plus encore le jour de sa bonté, de sa miséricorde et de sa tendresse. C'est le jour où il se montre de plus près au peuple qui remplit l'enceinte sacrée : le prêtre reproduit sur l'autel le sacrifice qui a sauvé le monde ;

______

(1) Paroles prononcées au Congrès de Liége.

Dieu se donne à tous avec une prodigalité plus touchante dans le sacrement qui est le chef-d'œuvre de son amour, il donne le pain de vie et d'immortalité à l'infortuné qui gagne à la sueur de son front le pain amer de l'indigence, son sang divin et sa chair vivante sont un gage de la grande et éternelle communion des âmes dans les ravissements de la patrie et dans les extases du bonheur.

Le dimanche réunit le pauvre et le riche, le serviteur et le maître dans le temple qui est la maison de Dieu. La religion les incline dans les mêmes priéres et sous l'autorité des mêmes enseignements. Elle les rapproche à la table sainte, au banquet des anges. Et ces assemblées de l'Eglise de la terre sont l'image de cette assemblée de l'Eglise du ciel où les plus pauvres et les plus méprisés seront rassasiés dans la gloire (1) et où les haillons deviendront resplendissants.

Il faut donc répéter ces paroles qu'un grand orateur faisait entendre à la tribune française : « La violation du dimanche attente à l'égalité la seule vraie, la seule durable, l'égalité des hommes devant Dieu, dont le repos du dimanche était le titre le plus patent (2). »

Le respect de la loi du dimanche rétablira parmi le peuple le respect de l'autorité.

Qui ne le répète chaque jour ? La révolte est partout ; le mépris monte et l'autorité s'en va. La révolte s'étend de la famille à l'atelier, de l'atelier à la cité, de la cité à la nation et de la nation à nos sociétés éperdues sur le bord des abîmes.

Qui donc rendra à l'autorité son prestige ? qui triomphera de la révolte, sinon le respect de l'antorité suprême d'où descendent toutes les autorités de la terre ? Et quelle autorité sera respectée par un peuple qui outrage la majesté de Dieu ?

(1) Satlabor cum apparuerit gloria tua

(2) Montalembert. — Rapport sur la sanctification du dimanche. — Séance du 10 décembre 1850.

Quoi ! tandis qu'un père insensé donne à sa famille l'exemple de la profanation du dimanche, il prétend imposer à ses enfants le joug de son autorité et de ses moindres désirs ! Quoi ! tandis que le négociant, le chef d'atelier impose à ses ouvriers, à ses serviteurs, la violation de la loi de Dieu, il s'étonne de sentir tout pouvoir lui échapper, il s'étonne de voir tout à coup ses ateliers vides et les richesses accumulées par ce travail sacrilége livrées à la fureur des multitudes qui ont appris de lui le mépris des plus saints devoirs et des lois les plus augustes ! Quoi ! tandis que les chefs des peuples laissent par erreur et par faiblesse violer les préceptes divins et la révolte monter jusqu'au trône de l'Eternel, ils s'étonnent que l'anarchie menace toutes les constitutions et tous les gouvernements de la terre ! Quoi ! vous voudriez que le mépris qui s'élève jusqu'à Dieu, ne descendît pas jusqu'à l'homme, jusqu'au père de famille, jusqu'au maître, jusqu'au législateur et à toutes les autorités humaines ! Mais c'est un rêve insensé ! Laissez passer, avec la justice de Dieu, la logique inexorable du peuple. Le mépris appelle le mépris ; la révolte appelle la révolte, et toute violation publique et persévérante de la loi du dimanche atteint dans sa source toute autorité sur la terre.

Ah ! prenez garde que ces profanations, qui détruisent le prestige de l'autorité, qui condamnent le peuple à l'erreur, qui l'abandonnent au conseil de la haine et aux horreurs du désespoir, prenez garde que ces profanations ne se retournent un jour contre vous ! Ces multitudes, auxquelles l'impiété a enlevé le Dieu qui leur apprenait à sanctifier leur travail et à bénir leurs souffrances, ces multitudes qui n'admettent plus que le culte de la matière et qui ne croient plus qu'à la souveraineté du nombre et au droit de la force, ces multitudes se diront : Il n'y a plus de Dieu, il n'y a plus de justice, il n'y a plus de vertu ; nous sommes les plus nombreux et les plus forts, écrasons cette société qui nous opprime... Et alors les nations assisteront dans l'épouvante à l'agonie et au dernier jour de la France...

Mais non, il faut sauver la France ! C'est Dieu seul qui la sauvera ; c'est lui qu'il faut invoquer, non plus seule-dans les grandes manifestations des pèlerinages, mais dans la manifestation universelle, permanente de la sanctifica-tion du jour qui lui est consacré... Oui, Dieu seul nous sauvera ! Qui donc jusqu'à ce jour a pu nous sauver ?

Nous avions des dynasties élevées par le vote populaire et affermies, disait-on, dans la puissance et dans la gloire, par des millions de suffrages, et tout à coup elles ont dis-paru dans la défaite et sous le poids du malheur. Nous avions des constitutions, elles ont été emportées par la tempête ; nous avions les prodiges de l'industrie, et ils ont fourni à nos ennemis des engins de guerre qui ont couvert de cadavres et inondé de sang le sol désolé de la patrie. Nous avions des armées que nous croyions invinci-bles ; nous les avons vu condamnées à des surprises inouïes, renfermées dans des cercles de feu, et entraînées tout entières dans la captivité. Nous avions les puissants de la science, les habiles de la politique, et tous sont tom-bés dans l'impuissance. Nous avions l'éloquence, et elle n'a pu émouvoir l'ingratitude des peuples pour lesquels nous avions donné notre sang et notre or, et l'égoïsme de tous ; elle n'a pu attendrir les barbares qui ont meurtri la France sous les pieds de leurs légions innombrables.

Que voulez-vous et qu'espérez-vous encore ? Vous pré-parez des constitutions ; mais si vous n'y faites pénétrer la sève divine, le souffle de la révolution les emportera de-main, comme des branches mortes et des feuilles dessé-chées. Vous multiplierez vos légions... Le Dieu des ar-mées, si vous l'outragez, peut les briser et les anéantir encore. Vous reconstruisez vos forteresses ; et qu'importe, si derrière nos frontières et nos remparts ne veille pas un peuple qui croit et qui prie ? Vous relèverez les monu-ments de notre gloire nationale ; qu'importe, si vous ne relevez pas les âmes dans la moralité, dans l'honneur et dans la vertu ? Vous proclamerez la liberté civile ; et comment existera-t-elle sans le respect de l'autorité et des lois, et si la liberté de servir Dieu est refusée sur cette terre de France ? Vous invoquerez la sagesse et l'épée pour protéger l'ordre social menacé de toutes parts ; mais, abandonnées à elles-mêmes, la sagesse sera confondue et l'épée se brisera dans la main qui la porte.....

Ah ! rendez la France à Dieu, rendez Dieu à la France ! combattez cette grande et universelle profanation ; rétablissez parmi le peuple l'observation du dimanche. Combattez cet athéisme qui s'étale au grand jour. Etouffez ce blasphème national. Faites monter chaque semaine vers le ciel la prière de la France.

Contre cette triple barbarie de l'athéisme, de la dégradation morale et de l'anarchie, barbarie mille fois plus redoutable que la barbarie musulmane, levez-vous pour une nouvelle croisade ; unissez-vous à ce grand chrétien qui met dans cette œuvre les ardeurs de son cœur, le dévouement de sa vie et la puissance de sa parole ; répondez à l'appel de cet infatigable apôtre qui jette à tous les chrétiens, à tous les hommes de cœur, à la France qui ne veut pas mourir, ce cri de nos guerres saintes : *En avant !
En avant ! Dieu le veut !*

O ville de Lyon, ville des grandes œuvres catholiques ! sois la première dans cette pacifique croisade, sois le berceau de cette nouvelle propagation de la foi parmi les infidèles de notre chère patrie. Prêtres, qui comptez dans les annales de votre antique Eglise des apôtres et des docteurs, des martyrs et des saints ; magistrats, hommes de la science et de la parole auxquels Dieu a donné l'autorité pour le bien ; négociants, chefs d'ateliers, vous qui pouvez tout dans cette œuvre admirable ; ouvriers, qui voulez rester dignes et libres, honorer Dieu et servir votre pays ; nobles femmes de cette noble cité, vous dont l'univers chrétien sait les inspirations généreuses et l'inépuisable charité, unissez vous à ces légions qui veulent défendre la foi, la dignité humaine et nos sociétés en péril! Allez, et que rien ne vous arrête! Allez, Dieu le veut! Le Pontife suprême vous bénit, l'épiscopat vous appelle dans sa reconnaissance et son admiration! Allez, la France vous suivra, et vous la sauverez!

www.ingramcontent.com/pod-product-compliance
Lightning Source LLC
Chambersburg PA
CBHW071437030726
47594CB00006B/2759